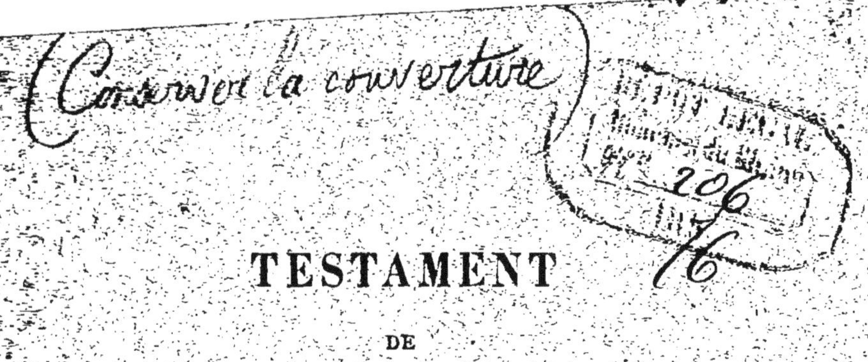

TESTAMENT

DE

JACQUES DE LA ROQUE

FONDATEUR

DE L'HOPITAL SAINT-JACQUES D'AIX

PUBLIÉ

Par le Dr Félix CHAVERNAC

Ancien Chirurgien chef interne de cet hôpital.

AIX

IMPRIMERIE Ve REMONDET-AUBIN, 53, SUR LE COURS

1876

Testamentum nobilis Jacobi de Ruppe burgensis huius civitatis Forcalquerii

In Nomine Domini amen. Anno a
nativitate eiusdem millesimo quingentesimo tricesimo secundo/
Indictione quinta et die martis vicesima
quinta mensis Junii/ Regnante christianissimo
principe et domino nostro domino Francisco primo
huius nominis Dei gratia Francorum Rege et
comitatuum Provincie et Forcalquerii Comitisse
feliciter amen/ Noverint universi presentes
et posteri Quod cum namque ex parabolis salvatoris
Jesu Christi asserentes operis doctrina erudimur
peccaminum valle transmigrare.

AVANT-PROPOS

Une polémique mal avisée m'a poussé à rechercher ce testament, dont on ne connaissait que de rares extraits, grâce à l'honorable M. Mouan, bibliothécaire de la ville d'Aix. L'original se trouve dans les minutes de Jean Borrilli, registre coté Capricornus, folio 67, en l'étude de Me Pontier, notaire, qui, avec sa bienveillance habituelle, s'est empressé de le mettre à ma disposition. L'écriture de cette époque, quoique très bien peinte dans ce manuscrit, présente de nombreuses difficultés. Et certainement j'aurais commis une foule d'erreurs, si je n'avais eu pour me seconder le conseil et l'expérience de M. le marquis de Lagoy, aussi modeste que savant historien et habile paléographe. Le latin laisse beaucoup à désirer, et augmente encore les difficultés : Point de ponctuation ; la lettre *æ* était inconnue ou inusitée ; orthographe de l'époque... etc. Malgré ces défectuosités, je l'ai fidèlement, scrupuleusement et religieusement reproduit tel qu'il se trouve dans le registre de Jean Borrilli. C'est un monument historique qui mérite de rester ; voilà mon seul et unique mobile.

Dr Chavernac.

TESTAMENTUM

NOBILIS

JACOBI DE RUPPE

BURGENSIS HUJUS CIVITATIS AQUENSIS

In nomine Domini amen. Anno a nativitate ejusdem millesimo quingentesimo tricesimo secundo indictione quinta et die martis vicesima quinta mensis junii regnante christianissimo principe et nostro domino Francisco primo hujus nominis Dei gratia Francorum rege et comitatuum Provincie et Forcalquierii comitte feliciter amen. Noverint moderni pariter et posteri docet namque christicolas salvatoris Jesu Christi per semitas operis et doctrine umbrosam peccaminum vallem transmeare ut in charitatis et devotionis fervore respersi per hospitalitatis obsequium celos valeamus perhempniter possidere. Abraham quidem et Helot per hospitalitatis opera Deo placuisse et angelos hospitio succepisse legimus meruise et ob id Helot cum familia sua Sodomorum divinam ultionem in montem seorsum fugiens evitasse. In novo autem testamento sacra veritas de hospitalitate testatur dicens quod uni ex minimis meis fecistis et michi fecistis

TESTAMENT

DE NOBLE

JACQUES DE LA ROQUE

BOURGEOIS DE CETTE VILLE D'AIX

Au nom de Dieu, ainsi soit-il. L'an de la nativité de J.-C. 1532, dans la cinquième indiction et le mardi vingt-cinquième jour du mois de juin, sous le règne du prince très chrétien et notre seigneur François premier de ce nom, par la grâce de Dieu roi des Français et heureusement comte des comtés de Provence et de Forcalquier, ainsi soit-il. Que tous présents et à venir sachent également que la charité enseigne à ceux qui ont le culte du Christ rédempteur que nous pouvons par le moyen des bonnes œuvres et de la doctrine traverser la vallée sombre des péchés. et, qu'étant pleins de ferveur, de dévotion, nous pouvons par les devoirs de l'hospitalité posséder éternellement les cieux. Abraham et Loth, en effet. par les œuvres d'hospitalité, ont plu à Dieu, et nous avons lu dans les livres sacrés qu'ils ont mérité de recevoir les anges sous leur toit, et, à cause de cela, Loth, s'enfuyant dans la montagne avec sa

et inde apostolus ad Thimothem scribens ait corporalis exercitatio ad modicum utilitatis est pietas autem utilis ad omnia habens promissionem vite que nunc est futuram. Nam et Christus in suo generali tremendo judicio singulorum mentes examinans reprobis hospitalitatem in hoc mundo non servientibus est dicturus esurivi et non dedisti michi manducare sitivi et non dedisti michi bibere hospites fuistis et non me succepistis ite ergo in ignem eternum. Hospitantibus dicetur ideoque venite benedicti in Regno patris mei. Cum igitur nil morte certius sit nilque incertius hora mortis ad cujus mortis terminum lege nature festinat quilibet ignoranter nulliusque fortitudine longanimitate divitiis aut potentia a mortis nexibus liberetur et propterea humane fragilitatis condictio nullius certitudinem status habeat sed quod videtur in ea pretendit potius ad incertum propter quod melius est sub spe mortis vivere in hoc mundo et bona sua dum licet providere ordinare et ordinata relinquere quam sub spe vivendi diutius ad mortis articulum subito devenire. Unde nonnulli frequenter decepti propria testandi facultate privati repentine infirmitatis eventu causante cujus vehementia solet mentem a rationis usu mutare sicut permisit altissimus mortui sunt intestati. Providentia quidem suadente discreta et discretione provida consulente censetur de bonis et rebus temporalibus condere testamentum ne ulla inter succedentes preveniendo extremam horam extremum meditatione consulta oriatur materia questionis. Nam universa ab exordio nature imposito nascuntur ut inde vita demantur et carne exuantur sub patris eterni bene-

famille, évita la divine vengeance qui tombait sur les Sodomistes. Mais la sainte vérité sur l'hospitalité est révélée dans le nouveau testament qui dit : ce que vous faites au plus petit des miens vous le faites à moi-même ; et ensuite l'apôtre écrivant à Thimothée lui dit : l'exercice corporel est d'une certaine utilité, mais la piété est utile en toute chose parce qu'elle renferme en elle-même une promesse de la vie future. — En effet le Christ dans son jugement général redoutable, examinant la conscience de chacun, dira aux méchants qui n'auront pas exercé l'hospitalité dans ce monde : j'ai eu faim et vous ne m'avez pas donné à manger ; j'ai eu soif et vous ne m'avez pas donné à boire ; vous avez été des hôtes et vous ne m'avez pas logé, allez-vous en donc au feu éternel. Mais il dira à ceux qui auront donné l'hospitalité : venez mes bien-aimés dans le Royaume de mon Père. Donc, comme il n'est rien de plus certain que la mort, rien de plus incertain que l'heure de la mort, que chacun s'en approche par la loi de nature sans qu'il le sache, ni qu'il puisse se soustraire à ses lois par la force, la longanimité, les richesses ou la puissance de n'importe qui, et qu'en outre, la condition de la fragilité humaine n'a la certitude d'aucun état, et que ce qu'il y a de plus évident en elle, c'est plutôt l'incertain : pour cela, il vaut mieux vivre dans ce monde sur l'espérance de la mort, et, autant que possible, disposer de ses biens, en ordonner et laisser les affaires arrangées, que non point espérer de vivre plus longtemps et arriver soudainement à l'article de la mort. C'est pourquoi beaucoup sont fréquemment déçus

placito qui quam quam pius et misericors suo proprio unigenito Jesu Christo mortem subire temporaliter non pepercit ne jus commune communisque regula in humana natura exceptionem haberent que a mortalitate primeve corruptionis egressa moriendi neccessitatem incurrit.

Ea propter ego Jacobus de Ruppe burgens communis filius nobilis viri Mitri de Ruppe pelliparii et nobilis et honeste mulieris Johanne Sonhone quondam conjugam hujus civitatis aquensis sanus mente et corpore in mee tamen mentis integritate meaque bona et sana existens memoria ac firma loquella rationabili et discreta gratia Jesu Christi volens et admodum cupiens dum michi licet et ratio regit mentem meam ac sane et integre mentis perfruor sospitate de bonis et rebus meis propriis omnibus adeo testando disponere ac etiam ordinare quod nulla inter

et privés de la faculté de tester par l'arrivée soudaine d'une infirmité qui en est la cause, et dont la violence a l'habitude de priver l'esprit de l'usage de la raison, comme le permet le Très-Haut, aussi meurent-ils *ab intestat*. Une providence discrète le persuadant, et une discrétion prévoyante le conseillant, il est prudent de faire un testament des biens et des choses temporelles, de peur qu'il ne survienne aucune cause de dispute parmi les héritiers quand viendra l'heure dernière.......................... ....

Car toutes choses naissent du principe imposé de la nature, par lequel on quitte la vie et on sort de la chair par le bon plaisir du Père Eternel qui, bien que pieux et miséricordieux, n'a pas épargné son fils unique J.-C. et lui a fait subir la mort temporelle, pour ne pas créer une exception au droit commun et à la règle générale dans la nature humaine qui, étant sortie de la mort de la première corruption, est tombée dans la nécessité de mourir.

Pour toutes ces raisons, moi Jacques de la Roque (1), bourgeois, fils commun de noble Mitre de la Roque, pelletier, et de noble et honnête Jeanne Sonhone, autre fois mariés dans cette ville d'Aix, sain de corps et d'esprit, jouissant de toute mon intelligence et d'une bonne et saine mémoire, capable de raisonner juste et avec discrétion par la grâce de Jésus-Christ, voulant et désirant au moins autant qu'il m'est permis, que la raison dirige mon esprit dans sa saine et entière intégrité et que je jouis d'une bonne santé, disposer en testant de tous les biens, droits

(1) A cette époque on disait de Rupe.

successores meos in posterum oriri valeat materia questionis meum ideo testamentum ultimum nuncupativum et meam ultimam voluntatem ac dispositionem finalem omnium bonorum et jurium ac rerum quarumcumque meorum et mearum per nuncupationem facio condo et ordino in hunc qui sequitur modum.

In primo et ante omnia ego dictus Jacobus de Ruppe testator recomendo animam meam devoto corde et humili altissimo omnium creatori Domino nostro Jesu Christo ac gloriose semperque Virgini Marie ejus colende genitrici totique curie selestium civium supernorum et eligo sepulturam corpori meo sepeliendo quandocumque Christus ab hoc seculo ac vita miserabili dignabitur me vocare videlicet infra capellam sancti Mitri venerabilis ecclesie metropolitane Sancti Salvatoris dicte civitatis aquensis scilicet in illo loco per me noviter infra predictam capellam constructo.

Item lego ego jam dictus Jacobus de Ruppe testator pro gaudio meo spirituali videlicet solidos quinque currentes semel tantum solvendos infra annum obitus mei.

Item lego ego predictus Jacobus de Ruppe testator voloque et ordino quod die obitus mey emantur duodecim serei ipsorum quilibet ponderis duarum librarum cum armis meis eisdem solito more affixis cum quibus associetur corpus meum ad ecclesiasticam sepulturam quos quidem duodecim sereos portari volo atque jubeo per duodecim pauperes quibus et

et choses qui m'appartiennent en propre afin qu'il ne survienne à l'avenir aucune cause de dispute parmi mes successeurs, je fais donc, déclare et ordonne de la manière subséquente mon dernier testament nuncupatif, ma dernière volonté et disposition finale de tous mes biens, de tous mes droits et de toutes les choses que je possède et que je nomme.

En premier lieu et avant tout, moi susdit Jacques de la Roque testateur, je recommande mon âme d'un cœur plein de dévotion et d'humilité à notre Seigneur Jésus-Christ, très haut créateur de toutes choses, à la toujours glorieuse Vierge Marie sa vénérable mère et à toute la Cour des esprits célestes, et je choisis la sépulture pour inhumer mon corps, lorsque Jésus-Christ daignera m'appeler de ce monde et de cette misérable vie, à savoir : la chapelle Saint-Mître, de la vénérable église métropolitaine de Saint-Sauveur de la dite ville d'Aix, c'est-à-dire dans le lieu que j'ai récemment fait bâtir dans la susdite chapelle.

Je lègue aussi, moi Jacques de la Roque testateur, pour ma joie et mon repos spirituel, cinq sols ayant cours pour être payés une fois seulement dans l'an de mon décès.

En outre, moi Jacques de la Roque testateur, je veux et j'ordonne que le jour de mon décès on achète douze cierges de deux livres chacun, sur lesquels mes armes seront appliquées suivant la coutume, que l'on joindra à mon corps pour la sépulture ecclésiastique ; je veux et j'ordonne que ces douze cierges soient portés par douze pauvres, à chacun desquels je

eorum cuilibet dari volo pataros duos incontinenti me tumulato.

Item similiter volo et ordino ego jamdictus Jacobus de Ruppe testator quod die obitus mey celebretur una missa submissa voce corpore presente et demum post sepulturam corporis mei absolvatur ipsum corpus meum per presbiteros inibi existentes quibus et eorum cuilibet dari volo quartos duos et dominis canonicis ejusdem ecclesie in ibi existentibus solidum unum absentibusque nichil dari volo.

Item lego volo et ordino ego antefatus Jacobus de Ruppe testator quod ipso die obitus mei et durante novena sepulture mei dicti testatoris in quolibet fiendorum cantarum ratione mei dicti obitus fiat oblatio patacorum et continuentur oblationes in cantaribus fiendis et solvatur pro ut supra.

Item lego ego memoratus Jacobus de Ruppe testator nobili et honeste mulieri Catherine Pinchinate consorti mee bene merite atque digne amore Dei et ad causas pias videlicet omnes suas raupas sericeas laneas et lineas foderatas et non foderatas factas et prepositas tam ad usum quam ad ornatum necnon omnia sua jocalia auri argenti et perlarum cujuscumque forme valoris et quantitatis existant quas et que propria auctoritate cappere possit incontinenti me mortuo cujusvis heredis mei judicis vel pretoris licentia minime petita vel obtenta de quibus ipsa nobilis Catherina

veux que l'on donne deux patars (1) immédiatement après mon inhumation.

Pareillement je veux et j'ordonne, moi Jacques de la Roque susdit testateur, que le jour de mon décès on célèbre une messe à voix basse, corps présent, qu'après la sépulture, l'absoute soit donnée à mon corps par les prêtres qui s'y trouveront, à chacun desquels je veux que l'on donne deux quarts, et un sol aux chanoines de cette église, qui seront présents, mais je ne veux rien donner aux absents.

Je lègue encore, je veux et j'ordonne moi susdit Jacques de la Roque testateur, que le jour même de mon décès et durant toute la neuvaine de ma sépulture, dans chacun des chantés qui doivent être faits à raison de mon décès, on fasse une offrande de patacs, et que les offrandes soient continuées dans les chantés à faire et que l'on paye comme ci-dessus.

Je lègue aussi, moi Jacques de la Roque testateur, à noble et honnête femme Catherine Pinchinat, mon épouse bien méritante et digne, pour l'amour de Dieu, et pour des œuvres pies, savoir : toutes ses robes de soie, de laine, de lin, fourrées ou non, qu'elles soient faites ou destinées à l'usage ou à l'ornement, ainsi que tous ses joyaux d'or, d'argent, ses perles, quelles qu'en puissent être la forme, la valeur et la quantité. Elle pourra les prendre de sa propre autorité de suite après ma mort, sans avoir à demander aucune permission à mes héritiers, ni au juge ni au prêteur ; de

(1) Patar, patard, pachau ou patac, ancienne monnaie connue aussi sous le nom de *double*, parce qu'elle valait un double tournois ou deux deniers environ.

Pinchinate uxor mea disponere et testari possit arbitrio voluntatis.

Item lego ego affatus Jacobus de Ruppe testator prenominate nobili Catherine Pinchinate uxori mee occasione premissa quoad vixerit statum tamen viduallem servando sub nomine meo videlicet omnes et quoscumque fructus usufructus proventus et gausitas possessionum mearum inferius particulariter desi-gnatarum. Et primo cujusdam mei dicti testatoris domus in qua presentialiter inhabito totius de alto in bassum et de basso in altum cum omnibus juribus et pertinentiis suis site in dicta civitate aquensi scilicet in carreria vulgariter dicta das Trabalhs confrontante ab uno latere cum quadam domo probi viri Antonii de Alpibus et ab alio latere cum quadam alia domo mei dicti testatoris et ab alio latere cum quodam viridario venerabilis conventus de observantia dicte civitatis aquensis et aliis si qui sint verioribus finibus suis. Item et cujusdam vinee et oliveyrete unius carteyriate vel circa totius cum omnibus juribus et pertinentiis suis site in territorio predicte civitatis aquensis loco vulgariter dicto al Pont-de-Beraut confrontante ab una parte cum itinere publico calade et a duabus partibus cum duabus vineis cujusdam Capellanie et aliis si qui sint verioribus finibus suis. Volo tamen jubeo et ordino ego dictus testator quod heres meus infra scriptus dictam vineam et oliveyretam sumptibus hereditatis mee bene atque decenter gubernare teneatur et debeat illamque cultivare seu cultivari facere per tempus et sazones debitas utpote podare

tout cela Catherine Pinchinat, mon épouse, pourra disposer et tester à son libre arbitre.

Je lègue en outre, moi sus-nommé Jacques de la Roque testateur, à la susdite Catherine Pinchinat, mon épouse, à l'occasion de ce qui peut arriver tant qu'elle vivra à l'état de viduité en conservant mon nom, savoir, tous les fruits, usufruits, revenus et usages de mes possessions qui sont particulièrement désignées plus loin : Et d'abord, une maison à moi dit testateur dans laquelle je demeure personnellement, toute de haut en bas et de bas en haut, avec tous ses droits et appartenances, sise dans la ville d'Aix, dans la rue vulgairement appelée *das Trabalhs* (1), confrontant d'une part la maison d'Antoine d'Aups, homme de probité, et de l'autre côté une autre maison à moi dit testateur ; d'autre part le jardin du vénérable couvent de l'Observance de la ville d'Aix, et autres confronts plus exacts s'il y en a. En outre, une vigne et olivette d'une quarterée ou environ, avec tous ses droits et appartenances, située dans le territoire de la susdite ville d'Aix, au lieu vulgairement appelé Pont-de-Béraut, confrontant d'une part le chemin public pavé, et des deux autres côtés deux vignes d'une chapellenie, et autres confronts plus exacts s'il y en a. Je veux pourtant, je commande et j'ordonne moi testateur que mon héritier ci-dessous inscrit soit tenu de gérer bien et convenablement aux frais de ma succession ladite vigne et olivette, qu'il la cultive ou la fasse cultiver aux époques et saisons propices, à savoir la tailler, la piocher, la biner, la sarcler,

(1) C'était l'extrémité inférieure de la rue Bon-Pasteur.

fodere reclaudere et serclare necnon duo jornalia hominum gratia cabussandi ita et taliter quod dicta nobilis Catherina Pinchinate uxor mea in dicta vinea nichil facere teneatur nisi omnes et quoscumque fructus proprio sumptu colligere.

Item cum ego dictus Jacobus de Ruppe testator ab eadem nobili Catherina Pinchinate uxore mea seu a parentibus et patruo suis habuerim et receperim retroactis temporibus et pro diversa temporum intervalla videlicet florenos mille ducentos cursum in provincia habentes tam pro dote quam pro augmento illius et legatis de quibus quidem mille ducentis florenis majorem partem sibi recognoverim instrumentis publicis propterea factis latius testantibus minor pars vero illorum minime recognita fuerit quamobrem volo jubeo et ordino ego prefatus Jacobus de Ruppe testator quod dicti mille ducenti floreni per heredem meum infra scriptum seu illius thesaurarium eidem nobili Catherine Pinchinate uxori mee tradantur solvantur et expediantur ad primam et simplicem ipsius nobilis Catherine uxoris mee et suorum requisitionem itaquod ejus vel suorum prima et simplex requisitio pro termino expresso solutionis dictorum mille ducentorum florenorum habeatur.

Item lego ego preloqutus Jacobus de Ruppe testator predicte nobili Catherine Pinchinate uxori mee occasione premissa quoad vixerit et tam diu quam diu thesaurarius infra scriptus dictos mille ducentos florenos a se de voluntate dicte nobilis Catherine Pinchinate tenebit gubernabit et administrabit videlicet tres vegetes bonas et bene sirculatas de meis ad ipsius no-

comme aussi employer deux journées d'homme pour faire les marcottes, de telle manière que ladite noble Catherine Pinchinat, mon épouse, n'ait autre chose à faire dans ladite vigne qu'à ramasser les fruits à ses propres frais.

De plus, comme moi Jacques de la Roque dit testateur j'ai eu et reçu de la même noble Catherine Pinchinat, mon épouse, ou de ses parents ou de son grand-oncle, aux temps passés ou à divers intervalles, savoir : douze cents florins ayant cours dans la province, tant pour la dot que pour l'augment et légats d'icelle, et dont je lui ai reconnu la plus grande partie par des actes publics confirmés par des témoignages l'attestant largement ; mais la plus faible partie ne lui a pas été reconnue : pour cela, moi Jacques de la Roque testateur, je veux, je commande et j'ordonne que ces douze cents florins soient donnés par mon héritier ci-après désigné ou par son trésorier à noble Catherine Pinchinat, ma femme, qu'on les lui paie et expédie sur la seule et simple demande d'elle ou des siens, de sorte que la première et simple réquisition d'elle ou des siens soit considérée comme le terme expresse du paiement des douze cents florins.

Je lègue encore, moi déjà nommé Jacques de la Roque testateur, à la susdite noble Catherine Pinchinat, ma femme, en prévision de ce qui peut arriver durant sa vie, et aussi longtemps que le trésorier, cité plus bas, de par la volonté de noble Catherine Pinchinat, détiendra, gouvernera et administrera les douze cents florins, savoir : trois de mes barriques bonnes et bien

bilis Catherine uxoris mee ellectionem inter omnes capasitates viginti quatuor metretarum item unum magnum cubile munitum litheria bassaqua mathalatio culcitra pulvinario de plumà viginti lintuaminibus duabus lodicibus bonis et una vana pro state ac cortinis munitis item unum parvum cubile eodem modo munitum lintuaminibus exceptis que omnia elligere possit inter mea cubilia ad ipsius uxoris mee voluntatem item de aliis bonis mobilibus domus utencillibus quantum sibi neccesse fuerit ad etiam sui ellectionem que quidem cubilia et alia bona mobilia per notarium predicte universitatis aquensis describantur et de eisdem dicta uxor mea quoad vixerit ut predictum est et tam diu quam diu dictus et infra scriptus thesaurarius dictos mille ducentos florenos de voluntate dicte nobilis Catherine Pinchinate tenebit gubernabit et administrabit uti frui et gaudere possit arbitrio sui venditione totali interdicta ipsaque nobilis Catherina Pinchinate mortua seu vita functa omnia cubilia et alia bona mobilia ad hospitale heredem meum infra scriptum pleno jure revertantur.

Item lego ego Jacobus de Ruppe testator occasione premissa prenominate nobili Catherine Pinchinate uxori mee quoad vixerit statum vidualem servando sub nomine meo et tam diu quam diu thesaurarius ipse dictos mille ducentos florenos a se de voluntate dicte nobilis Catherine Pinchinate tenebit gubernabit et administrabit anno quolibet videlicet sex saumatas annone bone pulchre et receptabilis mensure dicte civitatis aquensis ac etiam viginti quatuor metretas vini boni mei rubei ad raz de tina necnon et viginti

cerclées, au choix de noble Catherine Pinchinat mon épouse, entre toutes celles de la capacité de vingt-quatre mesures ; ainsi qu'un grand lit muni d'une litière garde-paille, matelas, matelas de plumes, un oreiller de plumes, vingt linceuls, deux bonnes couvertures, une vane pour l'été et des rideaux ; encore un petit lit garni de la même manière, les linceuls exceptés, et mon épouse choisira tout cela à sa volonté dans le nombre de mes lits, ainsi que tout ce qui lui sera nécessaire en fait de meubles et ustensiles de la maison, toujours à son choix ; tous ces lits et autres meubles seront inventoriés par un notaire de la dite communauté d'Aix, et ma femme pourra user, se servir et jouir à sa guise de toute la location, tant qu'elle vivra et tant que le trésorier ci-dessous nommé, de par la volonté de Catherine Pinchinat, détiendra, gouvernera et administrera les douze cents florins. A la mort de la susdite noble Catherine Pinchinat tous ces lits et biens mobiliers retourneront de plein droit à l'hôpital, mon héritier ci-dessous inscrit.

Je lègue aussi, moi Jacques de la Roque testateur, en prévision du cas, à la susnommée noble Catherine Pinchinat, ma femme, tant qu'elle vivra à l'état de veuvage en conservant mon nom, et tant que le trésorier de par la volonté d'icelle détiendra, gouvernera et administrera les douze cents florins, tous les ans, savoir : trois charges de blé, beau, bon et acceptable, de la mesure de cette ville d'Aix ; vingt-quatre mesures de bon vin rouge au sortir de la cuve (al raz de tina) ainsi que vingt-cinq florins au cours susdit ; je veux

quinque florenos cursus jamdicti que omnia sibi expediri solvi et portari vollo sumptibus heredis mei infra scripti in domo proprie habitationis ipsius uxoris mee anno quolibet in festo beati Michaellis — volo tamen jubeo et ordino ego prenarratus Jacobus de Ruppe testator de certa mei scientia quod si contingeret dictam nobilem Catherinam Pinchinate uxorem meam exigere et recuperare velle a thesaurario predicto dictos mille ducentos florenos eo casu contingente et non alias precedens predictum legatum annuale casso tollo revoco et annullo ac si nunquam facti fuissent.

Item lego ego memoratus Jacobus de Ruppe testator amore Dei et pro salute anime mee ac meorum redemptione peccaminum nobili et honeste mulieri Lione Delphine nepti mee uxori nobilis viri Antonii Fabri ville Draguiniani Foro Juliensis diocesis videlicet florenos quinquaginta cursum in provincia habentes semel tantum solvendos incontinenti post obitum meum.

Item lego ego predescriptus Jacobus de Ruppe testator amore Dei ac meorum ut predixi redemptione peccaminum nobili et honeste mulieri Anne de Ruppe consobrine mee uxori discreti viri magistri Pancratii Pisani ville regie Pertusii aquensis diocesis videlicet florenos quinquaginta cursum in provincia habentes semel tantum solvendos incontinenti post obitum meum.

Item lego ego memoratus Jacobus de Ruppe testator amore Dei et pro salute anime mee meorumque ut predictum est redemptione peccaminum nobili ju-

que tout cela lui soit expédié, payé et porté, aux frais de mon héritier, dans sa maison d'habitation tous les ans pour la fête de saint Michel. Je veux cependant, je commande et j'ordonne, moi susnommé Jacques de la Roque, testateur de mon plein gré, que si par hazard la dite noble Catherine Pinchinat voulait exiger et retirer les douze cents florins des mains du trésorier susdit, dans ce cas et sans autre précédent je casse, je retire, je révoque et j'annule le dit legs annuel, comme s'il n'avait jamais été fait.

De même moi Jacques de la Roque, testateur nommé, je lègue, pour l'amour de Dieu, le salut de mon âme et la rémission de mes péchés, à noble et honnête femme Delphine Lione, ma nièce, épouse d'Antoine Fabri, homme noble de la ville de Draguignan, diocèse de Fréjus, savoir : cinquante florins ayant cours dans la province, qui lui seront payés une fois seulement immédiatement après mon décès.

Je lègue encore, moi Jacques de la Roque, testateur ci-dessus désigné, pour l'amour de Dieu et la rédemption de mes péchés, comme je l'ai dit, à noble et honnête femme Anne de la Roque, ma cousine germaine, épouse de maître Pancracé Pisani, homme distingué de la ville de Pertuis, diocèse d'Aix, savoir : cinquante florins ayant cours dans la province, qui lui seront payés une fois seulement immédiatement après mon décès.

Je lègue encore moi Jacques de la Roque, testateur susnommé, pour l'amour de Dieu, le salut de mon âme et la rédemption de mes péchés, comme il a été dit,

veni Johani de sancto Romano aromathario dicte civitatis aquensis communi filio nobilis viri Jacobi de sancto Romano consobrini mei secundi videlicet florenos quinquaginta cursus premissi semel tantum solvendos exbursandos et convertendos nomine dicti nobilis Johanis de sancto Romano in una possessione incontinenti post obitum meum.

Item vollo jubeo et ordino ego dictus Jacobus de Ruppe testator de certa mei scientia quod omnia et quecumque legata per me in presenti meo testamento facta per thesaurarium supra et infra scriptum solvantur sine licentia rectorum infra scriptorum seu alterius ipsorum nec alterius cujuscumque personne.

Item veto prohibeo et deffendo ego dictus Jacobus de Ruppe testator de certa mey scientia dicto et infra scripto thesaurario et aliis suis in dicto officio successoribus ne ullo uniquo loco vel tempore nichil de reditibus heredidatis mee universitati predicte civitatis aquensis nec consulibus nec alteri cuicumque personne mutuent quacumque occasione necessitate titulo sive causa.

Item volo jubeo et ordino ego dictus Jacobus de Ruppe testator quod si contingeret in futurum curiam supremam seu universitatem et consules predicte civitatis aquensis infra hospitale infra scriptum sancti Jacobi per me constructum reponere velle infirmos pestiferatos et de eodem hospitali infirmariam pestiferatorum fieri velle eo contingente casu et non alias aliter nec aliomodo totam hereditatem meam dari distribui et dividi volo et jubeo inter omnes parentes meos propinquiores equis portionibus inter eos et suos

à noble jeune homme Jean de Saint-Roman, aromathaire de la dite ville d'Aix, fils commun de noble Jacques de Saint-Roman, mon cousin second, savoir : cinquante florins au cours susdit, pour être payés une fois seulement, déboursés et convertis en une possession au nom du susdit Jean de Saint-Roman, immédiatement après ma mort.

En outre, je veux, entends et ordonne moi Jacques de la Roque, testateur de mon plein gré, que tous ces legs, que je fais dans ce présent testament, soient payés par le trésorier ci-dessus et ci dessous désigné, sans la permission des recteurs ci-dessous désignés, ni d'aucun autre, ni de n'importe quelle autre personne.

Je veux aussi, empêche et défends, moi Jacques de la Roque testateur de mon plein gré, audit trésorier ci-dessous désigné et à tous ses successeurs dans ledit office, que dans aucun lieu et temps aucun des revenus de mon héritage ne soient emprunté par la communauté de la dite ville d'Aix, par les consuls ou aucune autre personne pour quelque raison, nécessité, titre ou motif que ce soit.

De même je veux, entends et ordonne, moi Jacques de la Roque, testateur, que si dans l'avenir la cour suprême, la communauté, les consuls de la ville d'Aix voulaient placer dans l'hôpital Saint-Jacques, que j'ai fait construire, les malades atteints de la peste et qu'on voulût faire du même hôpital une infirmerie de pestiférés, ce cas échéant et non autrement ni d'aucune manière, je veux et j'ordonne que tout mon héritage soit donné, distribué et divisé entre tous mes plus proches parents par égales portions entre eux, et à leur

heredes et successores quoscumque et hoc incontinenti dicti pestiferati in dicto hospitali intrusi.

Item volo jubeo et ordino ego prenarratus de Ruppe testator quod tamdiu quamdiu nobilis Guilherminus Salvatoris mercator premisse civitatis aquensis sororius mei dicti testatoris et sui liberi habitare voluerint in quadam mei dicti testatoris magna domo sita in presenti civitate aquensi et in carreria recta in qua a jam diu et de presenti dicti pater et filii habitant quod ab illa expellere possint minime quacumque occasione ratione titulo sive causa. Quinimo illam una cum parva tina bulhitoria una cum meynagio et bonis mobilibus cum eadem domo arrendari solitis latius descriptis in quadam parcella manu mei dicti testatoris et dictorum patris et filiorum scripta titulo loquerii tenere et possidere possint dicti pater et filii eorumdem patris et filiorum bene placito perdurante loquerio et loquerii nomine de gratia speciali florenorum quinquaginta pro singulo anno quamvis a toto tempore preterito solverint florenos sexagenta pro singulo anno et quamvis mayori pretio arrendari possent finito prius arrentamento inter nos ultimo loco facto. Quos quidem florenos quinquaginta pro loquerio predicto dicti pater et filii anno quolibet solvere teneantur more solvendi loqueria in predicta civitate aquensi scilicet medietatem in introitu et aliam medietatem in exitu cujuslibet anni.

Item volo jubeo et ordino ego affatus Jacobus de Ruppe testator quod omnia bona mea domo predicta vineis oliveyretis et pratis sitis in territorio predicte

défaut. entre leurs héritiers ou leurs successeurs quels qu'ils soient, et cela dès que lesdits pestiférés seront introduits dans le dit hôpital.

Je veux, entends et ordonne aussi, moi Jacques de la Roque testateur, qu'aussi longtemps que noble Guilhaume Salvator, marchand de cette ville d'Aix, fils d'une sœur à moi testateur, et ses enfants voudront résider dans ma grande maison. située dans la ville d'Aix et dans la rue droite, dans laquelle le père et ses enfants habitent déjà depuis longtemps et présentement, ils ne pourront en être expulsés pour n'importe quelle occasion, raison. titre ou cause. — Qui plus est, ils pourront posséder et tenir cette maison avec une petite cuve à bouillir les raisins ou l'arrenter avec son ménage et son mobilier ordinaire décrit plus loin dans un écrit de la main de moi testateur et des dits père et enfants sous le titre loquaire; le père et ses enfants et sous le bon plaisir des enfants, sous la foi du loquaire et comme loyer, payeront par une grâce spéciale cinquante florins pour chaque année, quoique dans le temps passé ils aient payé soixante florins pour chaque année et quoiqu'ils puissent être arrentés à un plus haut prix, ayant auparavant fini leur arrentement fait entre nous en dernier lieu. Tous les ans, le père et ses enfants seront tenus de payer les cinquante florins pour le loyer, suivant la coutume de payer les loyers dans la ville d'Aix, c'est-à-dire la moitié en entrant et l'autre moitié à la fin de chaque année.

En outre, moi Jacques de la Roque testateur, je veux, je commande et j'ordonne que tous mes biens trouvés dans la maison susdite, à l'exception entière des vignes,

civitatis aquensis totaliter exceptis arrendari debeantur voce preconia.

In omnibus autem aliis bonis meis mobilibus et immobilibus seque moventibus juribus actionibus et rationibus ac nominibus debitorum quecumque qualiscumque et quantacumque sint et in quibuscumque locis et partibus ac rebus et penes quascumque personas existant quibuscumque nominibus censeantur seu etiam nuncupentur presentibus et futuris omni eo meliori modo via et forma quibus de jure ac juris solenitate melius fieri ac etiam excogitari potest sapientis cujuscumque consilio et ut mea voluntas et peroptata per modum annexionis adjectionis et accessionis et alium quemcumque utiliorem et magis efficassem et profugium ad evictandum ne dici et pretendi possit pro futuro tempore propria causa fuisse annexa ipsa bona dicto et infra scripto hospitali privato et ab hoc ut eclesiastice persone non valeant quoquomodo se intromittere plenius suum valeat sortiri effectum facio instituo et ordino ac ore proprio nomino ego dictus Jacobus de Ruppe testator de certa mei scientia mihi heredem seu heredem meum universalem et insolidum videlicet venerabile et devotum hospitale laycum et non ecclesiasticum sub titulo sancti Jacobi patroni mei meo proprio sumptu erectum et edificatum in suburbiis jamdicte civitatis aquensis et in loco dicto prope nostram dominam de consolatione confrontantem ab una parte scilicet versus predictam civitatem aquensem cum itinere publico quo itur de sancta cruce ad sanctum Eutropium et ab alia parte cum itinere publico podii ricardi et de rectro cum ecclesia nostre domine

prés et vergers situés dans le territoire de la ville d'Aix, soient arrentés par la voix du crieur public.

Mais, pour tous mes autres biens, meubles, immeubles, meubles meublants, droits, actions, comptes, et noms de mes débiteurs, de quelle qualité et quantité qu'ils soient, en quelques lieux, parties, choses et entre les mains de quelques personnes qu'ils se trouvent, de quelque nom qu'ils soient appelés ou désignés dans le présent ou l'avenir, de la meilleure manière ou forme qu'en droit on pourra le faire ou l'imaginer, en suivant le conseil d'un homme sage quel qu'il soit, et afin que mon expresse volonté, par le moyen d'annexion, d'addition, d'accroissement ou quelque autre moyen plus utile, plus efficace pour éviter que l'on ne puisse dire et prétendre à l'avenir que ces biens ont été, pour une cause spéciale, annexés audit hpôital privé ci-dessous désigné, et afin qu'aucune personne ecclésiastique ne puisse, en aucune manière, s'y introduire, ma volonté, dis-je, ait son entier effet, je fais, institue, ordonne et nomme de ma propre bouche, moi Jacques de la Roque, testateur de mon plein gré, mon héritier et légataire universel pour la totalité, savoir : le vénérable et pieux hôpital laïque et non ecclésiastique, sous le titre de Saint-Jacques mon patron, bâti et érigé à mes propres frais dans un faubourg de la ville d'Aix et dans le terrain situé près de Notre-Dame de Consolation, confrontant d'un côté, c'est-à-dire vers la ville d'Aix, le chemin public qui mène de Sainte-Croix à Sainte-Eutrope, de l'autre côté le chemin public de Puyricard et sur le derrière l'église de Notre-Dame de Consolation ainsi que le portique et le pro-

de consolatione cum porticu et de ambulatorio dicte ecclesie nostre domine de consolatione et aliis si qui sint verioribus finibus suis necnon omnes et quoscumque pauperes Christi utriusque sexus ac pueros etiam utriusque sexus infirmos et impotentes dumtaxat expuriis exceptis in eodem hospitali existentes et qui perpetuis temporibus in futurum venire residere et stare poterunt et hoc pro educatione substentatione gubernatione et servitio dictorum Christi pauperum infirmorum et impotentium dumtaxat durante eorum infirmitate et impotentia dumtaxat et non ultra quod quidem hospitale pro salute anime mee et quondam parentum et benefactorum meorum eorumque et meorum redemptione peccaminum et ad laudem Dei omnipotentis ipsiusque sancti Jacobi et totius curie triumphantis dotatum esse volo dictis omnibus et quibuscumque bonis meis mobilibus et immobilibus seque moventibus juribusque et rationibus ac nominibus debitorum quecumque qualiacumque et quantacumque sint et in quibuscumque locis et partibus ac rebus et penes quascumque personas existant quibuscumque nominibus censeantur seu etiam nuncupentur presentibus et futuris dum tamen ipsum venerabile hospitale laycum ipsaque predicta bona mea vel pars illorum secularibus clericis vel religiosis quovismodo in beneficium non conferantur nec successis temporibus alicui ecclesie monasterio cappelle vel beneficio aliove hospitali quovis ne loco pio vivantur vel etiam per rectores eclesiasticos non gubernentur sed ejusdem hospitalis layci et predictorum bonorum meorum quibus idem dotatum esse volo gu-

menoir de cette même église et autres confronts plus exacts, s'il y en a. Je fais aussi mes héritiers tous les pauvres de Jésus-Christ de l'un et de l'autre sexe, ainsi que les enfants de l'un et l'autre sexe, infirmes et impotents qui se trouvent dans l'hôpital ou qui dans tous les temps à l'avenir pourront venir y résider et y rester, excepté seulement les enfants bâtards, et cela pour l'éducation, alimentation, régie et service des dits pauvres du Christ, infirmes et impotents, seulement durant leur maladie ou infirmité et non au-delà. Car je veux, pour le salut de mon âme, de mes parents et bienfaiteurs, pour le rachat de leurs péchés et des miens, pour la gloire de Dieu tout puissant, de saint Jacques et de toute la cour céleste que cet hôpital soit doté de tous mes biens, meubles, immeubles, meubles meublants, droits, actions comptes, noms de mes débiteurs, de quelle qualité et quantité qu'ils soient, en quelques lieux, parties, choses et entre les mains de quelques personnes qu'ils se trouvent, de quelques noms qu'ils soient appelés ou désignés dans le présent ou dans l'avenir; je veux cependant que ce vénérable hôpital laïque ainsi que mes susdits biens, en totalité ou en partie, ne soient, en aucune manière, conférés à titre de bénéfice à des clercs séculiers ou religieux, ni unis dans la suite des temps à aucune église, monastère, chapelle, ni à tout autre bénéfice d'hôpital; ni à aucun lieu pieux et même qu'ils ne soient point régis par des recteurs ecclésiastiques; mais je veux que la direction et l'administration de cet hôpital laïque et de mes biens dont je le dote, soit entièrement confiée aux personnes ci-dessous désignées, de telle manière que

bernatur et administratur personis quibus infra comititur totaliter pertineat ita et taliter quod eorum proventus in usum personarum miserabilium fideliter dispensentur et non in alios usus quovismodo.

Et quia mens intentio et voluntas mei dicti Jacobi de Ruppe testatoris et fundatoris supra dicti hospitalis fuit et est quod ipsum hospitale fuerit et sit ac esse debeat perpetuis temporibus et quantum mundus durabit privatum et prophanum ac etiam laycale et non quovismodo ecclesiasticum et quod remaneat et remanere debeat prophanum ideo magis atque magis declarando dictam voluntatem et intentionem meam et illam specificando et ut et tanquam arbiter et moderator rei mee legem hanc dando et hoc onus expresse imponendo quod in dicta constructione fundatione et bonorum collactione et annexione dicti hospitalis et elargitione fructuum et proventuum bonorum meorum in Christi pauperes ad dictum hospitale confluentes et venientes nullathenus interveniat nec intervenire debeat expresse nec tacite ex scientia aut alias quovismodo auctoritas consensus et licentia sanctissimi Domini nostri pape reverendissimique domini legati aut reverendissimique domini archiepiscopi aquensis vel alterius cujuslibet ecclesiastice persone quacumque exfulgeat dignitate et hoc hac expressa ratione ne in futurum pretendi posset et dici vi et pretextu dicte auctoritatis licentie et consensus expressi vel taciti vel alia aprobatione ipsorum sanctissimi Domini nostri pape reverendissimique domini legati aut reverendi domini archiepiscopi aquensis ipsum hospitale fuisse et esse publicum et eclesiasticum quia esset contra meam vo-

les revenus soient fidèlement employés à l'usage des pauvres malheureux et en aucune façon à d'autres usages.

Et comme moi susdit Jacques de la Roque, testateur et fondateur du susdit hôpital, j'ai eu et j'ai l'idée, l'intention et la volonté que cet hôpital sera, soit et doive être dans tous les temps et tant que le monde durera, privé, profane, laïque et nullement ecclésiastique, qu'il reste et doive rester profane, pour cela je formule et je spécifie de plus en plus ma volonté et mon intention, comme arbitre et régulateur de mon affaire je formule cette règle et j'impose cette condition absolue que dans la construction, fondation, collation, annexion et agrandissement du dit hôpital, des fruits et revenus de mes biens pour les pauvres de Jésus-Christ qui peuvent venir dans le dit hôpital, il ne puisse intervenir expressément, tacitement, sciemment ou de toute autre manière aucune autorité, consentement et permission de notre saint Père le Pape, de son révérend légat ou du révérend monseigneur l'archevêque d'Aix ou de toute autre personne ecclésiastique, de quelque dignité qu'elle soit revêtue, et cela pour cette raison formelle qu'à l'avenir on ne puisse prétendre ni dire sous prétexte de cette autorité, consentement ou permission expresse ou tacite, ou autre approbation du Pape, du légat ou de l'archevêque d'Aix que cet hôpital a été et est public et ecclésiastique, ce qui serait contre ma volonté et mon intention, puisque je veux qu'il soit toujours et continuellement regardé, considéré et réputé par tout le monde comme un hôpital privé,

luntatem et intentionem cum vellim semper et continue esse haberi teneri et reputari per omnes hospitale privatum laycale et prophanum ne quovismodo nec quavis ratione persone eclesiastice possint ad illius administrationem pervenire aspirare nec etiam layce medio et provisione eclesiastica et ad dictamen cujuslibet sanctissimi viri et doctissimi qui pro quocumque tempore fuerit et esse poterit hic habeantur pro expressis et appositis omnes quecumque et singule cautelle et consilio juris per quas et que quantum mundus iste durabit et erit in esse dictum hospitale illiusque fundatio et dotatio seu verius deputatio bonorum meorum et illorum fructuum ad alendos Christi pauperes deputatorum et per me datorum remanere debeant privata laycalia et prophana et non quovismodo publica nec ecclesiastica.

Et tanquam verus dominus moderator et arbiter dicti hospitalis et dictorum bonorum m orum illi annexorum eis melioribus efficatioribus tusioribus modis et formis quibus melius fieri potest et debet prohibeo defendo et veto quod non interveniat nec quovismodo intervenire possit nec debeat aliqua auctoritas consensus nec licentia dictorum sanctissimi domini nostri pape reverendissimique domini legati vel reverendissimique aquensis archiepiscopi aut alterius cujuslibet persone eclesiastice in dictis fundatione et constructione dicti hospitalis et annexione bonorum meorum pro educatione Christi pauperum infirmorum et impotentium dumtaxat ad illud venientium ac elemosyna privata et quam fundationem dicti hospitalis jam constructi et edificati ego dictus Jacobus de Ruppe testator

laïque, profane et qu'en aucune manière et pour aucune raison les ecclésiastiques ne puissent arriver ni aspirer à l'administrer, pas même un laïque de moyen et service ecclésiastique, suivant l'ordre de quelque homme si saint et si savant qu'il soit ou puisse être en aucun temps. Que l'on prenne toutes les précautions possibles et imaginables en se basant sur le droit, pour que tant que le monde durera et que l'hôpital existera, sa fondation, dotation ou mieux la répartition de mes biens et de leurs revenus délégués et donnés par moi pour alimenter les pauvres de Jésus-Christ puissent rester privés, laïques, profanes et en aucune manière publics ni ecclésiastiques.

Et comme je suis le véritable directeur et arbitre du susdit hôpital et de mes biens qui lui ont été annexés suivant les formes et manières les plus efficaces, les meilleures et les plus sûres par lesquelles il doit et peut devenir meilleur, j'empêche, je défends et j'interdis qu'il intervienne et ne puisse ni doive intervenir en aucune façon nulle autorité, permission ou licence de notre saint père le Pape, du révérend légat ou du révérend archevêque d'Aix, ni de toute autre personne ecclésiastique dans la fondation et construction du dit hôpital, l'annexion de mes biens pour le soulagement des pauvres du Christ malades ou infirmes qui y viendront par aumône privée ; et moi Jacques de la Roque, testateur en toute liberté et sans le consentement ni la volonté de personne, j'ai fait la fondation de

ex me metipso libere et sine consensu et voluntate alicujus feci in fundo per me acquisito et empto ac liberato ab omni onere et jugo servitutis census et supercensus constantibus instrumentis publicis respective sumptis per nobiles et honorabiles viros magistros Johannem Boycelli quondam regium supreme parlamenti presentis patrie dum viveret secretarium sub anno Domini millesimo quingentesimo vicesimo et die decima sexta mensis januarii ac magistrum Imbertum Borrilly patruum tui infra scripti notarios publicos notarios dicte civitatis aquensis sub anno Domini millesimo quingentesimo decimo nono et die quarta mensis maii. Veto etiam prohibeo et deffendo quantum in me est et esse potest omnem et singulam visitationem fiendam per reverendissimum dominum aquensem archiepiscopum ejusve vicarios necnon reverendissimum dominum legatum vel alium quemcumque auctoritatem Summi Pontificis vel alterius cujuslibet ac ordinationem per eosdem aliquam fiendam quovis tempore.

Et quod rectores dicti hospitalis et illius administratores qui pro futuro tempore fuerint pro causa administrationis dicti hospitalis illis non subjiciantur nec alteri cuilibet persone ecclesiastice minusque illis teneantur reddere rationes necque per eos compelli et alias quod non habeant se quoquomodo intromittere de ipso hospitali bonisque illis annexis et circa administrationem illorum et quia vollo et intendo quod ipsum hospitale semper continue remaneat privatum laycale et prophanum et non quovis modo efficiatur publicum nec ecclesiasticum hoc sepius repetendo ut magis

cet hôpital déjà construit et édifié, dans un terrain que j'ai acheté, acquis et payé, exempt de toute charge, joug, servitude, cens et surcens, par des actes publics et authentiques respectivement pris par les nobles et honorables maîtres : Jean Boycelli, de son vivant secrétaire royal de la cour suprême du parlement du pays, en l'an 1520 et le 16 du mois de janvier, et Imbert Borilli, oncle du soussigné, notaires publics de la ville d'Aix, en l'an 1519 et le 4 du mois de mai.

De plus, je défends, j'empêche et j'interdis, autant qu'il est et qu'il peut être en mon pouvoir, toute visite particulière dans l'hôpital au révérend archevêque d'Aix et à ses vicaires, ainsi qu'au révérend légat ou à tout autre qui voudrait en faire de par l'autorité du Souverain Pontife ou autre ou d'après l'ordre de l'un d'eux, en quelque temps que ce soit.

Les recteurs de cet hôpital, ou ceux qui l'administreront dans l'avenir ne seront point soumis à ces personnes ni à aucun autre ecclésiastique ; encore moins seront-ils tenus de leur rendre compte, sans pouvoir y être contraints par eux ni par d'autres ; je défends que ces ecclésiastiques ne puissent s'immiscer en aucune manière dans cet hôpital ni dans l'administration des biens qui lui sont annexés, parce que je veux et j'entends que cet hôpital reste toujours et continuellement privé, laïque, profane, et qu'en aucune façon il ne devienne public ni ecclésias-

atque magis enixa voluntas mea appareat. Equidem etiam veto prohibeo ac etiam deffendo quantum michi licet et potestas mea se extendere potest ne quarta portio debeatur reverendo domino archiepiscopo aquensi et alteri cuilibet personne ecclesiastice de bonis eidem hospitali annexis et in futurum annexandis et tanto magis prohibeo veto et deffendo ne ipsum hospitale et bona per me illi annexa et donata pro substentatione pauperum ullo tempore possint nec valeant in titulum beneficii vel hospitalis publici et ecclesiastici erigi quia illud volo semper esse hospitale privatum laycale et prophanum et quod de illo non se intromittat nec se intromittere possit quecumque auctoritas ecclesiasticam cum illud volo esse et subiici laycali potestati solum et dumtaxat et quamvis in capite domus dicti hospitalis privati fuerit. Et sit ibi quoddam oratorium sub titulo sancti Jacobi volo et intendo quod dictum oratorium sit et esse debeat privatum prophanum et non quovismodo ecclesiasticum et sacrum et quod in illo non possit deputari aliquis certus rector ad celebrandum in eo sed solum habeatur licentia faciendi celebrari per quemlibet sacerdotem idoneum cum altari portatilli.

Item prohibeo deffendo et veto ego supra dictus Jacobus de Ruppe testator quod dictum oratorium non reducatur ad faciem et similitudinem ecçlesiæ scilicet faciendo campanille cum campanis ne in futurum presumi possit propter signa loci ecclesiastici fuisse et esse ecclesiasticum et equidem veto ne in dicto oratorio haberi possit aliqua campana publica sed solum cam-

tique ; je répète souvent ces termes, afin que ma volonté apparaisse de plus en plus formelle. Et même je défends encore, j'empêche et j'interdis autant qu'il m'est permis et que mon pouvoir peut s'étendre, que le quart des biens annexés à cet hôpital ou qui pourront lui être annexés dans l'avenir ne soit point dû à l'archevêque d'Aix ni à aucune autre personne ecclésiastique ; je le défends, je l'empêche et je l'interdis plus formellement, afin que cet hôpital et les biens que je lui ai annexés et donnés pour l'alimentation des pauvres de Jésus-Christ, ne puissent ni ne doivent en aucun temps être érigés en bénéfice ou en hôpital public et ecclésiastique, parce que je veux que cet hôpital soit toujours privé, laïque et profane, et que n'importe quelle autorité ecclésiastique ne puisse s'immiscer chez lui, car je veux qu'il soit soumis à une puissance laïque seulement qui sera à la tête de cet hôpital privé. Je veux et j'entends qu'il y ait un oratoire sous le vocable de Saint-Jacques, que cet oratoire soit et doive être privé, profane et nullement ecclésiastique et sacré, qu'on ne puisse pas y déléguer un curé à poste fixe pour y célébrer, mais seulement que l'on donne la permission d'y faire célébrer sur un autel portatif par n'importe quel prêtre méritant.

Je défends, j'empêche et j'interdis, en outre, moi susdit Jacques de la Roque testateur, que le dit oratoire ne soit pas façonné à l'image et ressemblance d'une église, c'est-à-dire en y mettant un clocher et des cloches, afin que dans l'avenir on ne puisse arguer de ces signes d'un lieu ecclésiastique, qu'il a été et est ecclésiastique ; certainement je défends qu'il ne

panella secreta ad vocandum pauperes ad missam existentes in dicto hospitali.

Item confidens et confisus de probitate legalitate scientia experientia bono regimine et administratione nobilium virorum dominorum consulorum veterorum presentis civitatis aquensis qui nunc sunt et pro tempore futuro perpetuis temporibus erunt. Ea propter ego memoratus Jacobus de Ruppe testatcr de certa mei scientia motuque proprio ac sano et deliberato proposito et consilio volo et ordino ac etiam jubeo constituoque dictos dominos veteres consules presentes et futuros rectores proptetores deffensores gubernatores et administratores predicti devoti hospitalis sancti Jacobi per me supra constructi et edificati et pauperum ejusdem presentium et futurorum in dictis omnibus bonis meis heredis scripti et instituti ita et taliter quod dictorum hospitalis pauperum et bonorum meorum predictorum in quibus dictum hospitale et pauperes heredem meum esse volui talis protextio deffensio gubernatio et administratio ad ipsos dominos consules veteres pleno jure pertineat et expetet anno quolibet perpetuis temporibus pro uno anno dumtaxat incipiendo anno quolibet perpetuis temporibus ultima die exitus officii eorum consulatus ita tamen quod predictorum bonorum meorum fructus usufructus proventus et gausitas ac reditus in usum personarum miserabilium fideliter per eos seu per eum deputandos dispensentur et in usu nullathenus alios convertantur.

Item volo et ordino ego affatus Jacobus de Ruppe

puisse y avoir dans le dit oratoire aucune cloche publique, mais seulement une clochette secrète pour appeler à la messe les pauvres qui seront dans le susdit hôpital.

De même, confiant et comptant sur la probité, la loyauté, la science, l'expérience, la bonne régie et l'administration des nobles sieurs anciens consuls de la ville d'Aix qui existent aujourd'hui ou qui seront à l'avenir et à perpétuité, pour cette raison, moi Jacques de la Roque testateur de mon plein gré, de mon propre mouvement, de propos sainement délibéré et résolu, je veux, j'ordonne et même je commande et j'institue les dits sieurs anciens consuls présents ou futurs recteurs, protecteurs, défenseurs, directeurs et administrateurs du susdit pieux hôpital Saint-Jacques que j'ai contruit et édifié, et des pauvres qui y sont ou qui y viendront, et de tous les biens de mon héritier institué de telle sorte que cette protection, garantie, direction et administration des pauvres de l'hôpital et de mes biens dont j'ai fait hériter les pauvres et l'hôpital, appartienne et soit réservée de plein droit aux anciens consuls tous les ans et dans tous les temps, le dernier jour de la sortie de leur charge de consuls, de façon cependant que les fruits, usufruits, revenus, usages soient fidèlement employés par eux ou leurs délégués, au service des pauvres malheureux sans pouvoir, en aucune manière, les convertir à d'autres usages.

Je veux et j'ordonne aussi, moi Jacques de la Ro-

testator quod incontinenti post mortem meam prefati domini consules veteres rectores teneantur et debeant possintque et valeant eorum propria auctoritate sigillare omnes capsas meas necnon omnes et quascumque portas tam dicti hospitalis quam domus mee proprie habitationis bonaque mobilia et immobilia seque moventia jura et actiones incontinenti et quanto citius fieri poterit inventarisari facere per dictum notarium predicte universitatis aquensis ut illorum occultatio vel transportus cesset et cessare possit.

Item confidens de probitate scientia experientia legalitate et bono regimine honorabilis viri Gaufridi Salvatoris mercatoris dicte civitatis aquensis nepotis mei filii dicti Guilhermini Salvatoris de certa mei scientia ipsum Gaufridum Salvatoris nepotem meum constituo ordino et nomino procuratorem thesaurarium et receptorem generalem omnium et quorumcumque fructuum redituum censuum servitiorum laudimiorum et proventuum et gausitarum dicte hereditatis mee tamdiu quamdiu dictus Gaufridus Salvatoris probiter et legaliter vixerit in humanis ipsoque mortuo seu vita functa vel aliquo crimine per eum commisso ellectio nominatio creatio et institutio alterius futuri procuratoris thesaurarii et receptoris generalis dictorum fructuum ad dictos dominos consules veteres rectores anno quolibet perpetuis temporibus pertineat et expetet ita et taliter quod dictus procurator et thesaurarius per dictos dominos rectores in futurum eligendos dictum officium exercere non possit nisi pro uno anno dumtaxat.

Volo tamen jubeo et ordino ego dictus testator de certa mei scientia quod supradicti Gaufridus Salvatoris

que testateur, que de suite après ma mort les susdits anciens consuls recteurs soient tenus, doivent et puissent de leur propre autorité apposer les scellés à toutes mes caisses, à toutes les portes tant du dit hôpital que de ma propre habitation, et fassent inventorier les biens meubles, meubles meublants, immeubles, droits et actions aussitôt que faire se pourra, par le dit notaire de la susdite communauté d'Aix, afin que le récolement ou le transfert de ces biens ne soit pas différé et ne puisse pas l'être.

De même, confiant dans la probité, la science, l'expérience, la loyauté et la bonne gestion de l'honorable Gaufridi Salvator, marchand de cette ville d'Aix, mon neveu, et fils de Guilhaume Salvator, je constitue, je nomme et je désigne de mon plein gré ce Gaufridi Salvator, mon neveu, procureur, trésorier et receveur général de tous mes biens, fruits, revenus, cens, servitudes, prétentions, profits et usages de ma succession aussi longtemps qu'il vivra dans la loyauté et la probité parmi les hommes ; mais, à sa mort, ou s'il vient à commettre quelque crime, le choix, la nomination, la création et l'institution de son successeur dans cette charge de procureur, trésorier et receveur général de mon héritage appartiendra exclusivement aux sieurs recteurs anciens consuls tous les ans et à perpétuité, de telle sorte que le susdit procureur et trésorier choisi à l'avenir par les susdits recteurs ne puisse exercer cette charge que pendant une année seulement.

Je veux néanmoins, entends et ordonne, moi susdit testateur de mon plein gré, que le dit Gaufridi Salva-

et sui in dicto officio thesaurarie successores anno quolibet in festo beati Michaellis habeant et habere debeant pro eorum vacationibus et stipendiis videlicet florenos triginta cursus jamdicti solvendos et capiendos per eorum manus anno quolibet in dicto festo beati Michaellis.

Item volo jubeo et ordino ego jamdictus Jacobus de Ruppe testator quod in fine dicte thesaurarie cujuslibet anni supradictus Gaufridus Salvatoris thesaurarius et sui in dicto officio successores quicumque bonum verum et legale compotum veramque debitam rationem reddere et reliqua prestare teneantur anno quolibet in dicto festo beati Michaellis de omnibus per eosdem receptis premissorum occasione et hoc in manibus dominorum auditorum compotorum predicte civitatis aquensis.

Item quod supradictus Gaufridus et non alii in dicto officio successores distribuere possit omnes et quascumque rendas dicte hereditatis mee ad utilitatem et commodum dictorum pauperum infirmorum et impotentium pro libito voluntatis dictamine sue conscientie absque licentia dictorum dominorum rectorum seu alterius ipsorum.

Item volo quod dicti domini consules veteres rectores incontinenti facta per eos ellectione et constitutione predicta dicti procuratoris et thesaurarii teneantur et debeant eidem procuratori et thesaurario per eos ellecto seu eligendo tradere expedire omnia et quecumque mei dicti testatoris bona mobilia et immobilia et per se moventia juraque actiones et rationes et quod quidem de dictis bonis juribus actionibus et rationibus et illo-

tor et ses successeurs dans le dit office de trésorier. tous les ans pour la fête de saint Michel, reçoivent pour leurs vacations et traitement, savoir : trente florins ayant cours dans cette province. qui leur seront payés et qu'ils recevront de leurs propres mains tous les ans pour la fête de saint Michel.

Je veux encore, entends et ordonne moi Jacques de la Roque testateur que chaque année à la fin de la dite charge de trésorier le susdit Gaufridi Salvator et ses successeurs, quels qu'ils soient. soient tenus à la Saint-Michel de rendre un compte exact, vrai, loyal, de présenter l'excédant et un rapport vrai et détaillé de tout ce qu'ils auront reçu en raison des choses susdites et de le faire entre les mains des sieurs auditeurs de la Cour des Comptes de cette ville d'Aix.

Je veux aussi que le susdit Gaufridi Salvator, mais non pas ses successeurs dans cette charge, puisse distribuer toutes les rentes de mon héritage pour l'utilité et la commodité des pauvres malades et infirmes selon sa libre volonté et la voix de sa conscience sans la permission des dits recteurs eux-mêmes ou de tout autre.

Je veux en outre que les dits sieurs anciens consuls recteurs immédiatement après avoir élu et pourvu à la dite charge de procureur et de trésorier, soient tenus et doivent donner et livrer au procureur, trésorier élu par eux, tous les biens qui m'appartiennent à moi dit testateur, meubles, meubles meublants, immeubles, droits, actions, comptes et tout ce qui leur reviendra de ces biens, droits, actions, comptes, produits, et

rum fructibus ad ipsos pervenerit eorumque administrationem dicto procuratori et thesaurario relinquere proviso quod ipse procurator et thesaurarius electus promittat juret et se obliget more debitorum fiscalium et etiam debite caveat et legitime si idoneas et legitimas non habeat facultates facere utilia ipsius hospitalis atque gubernare et regere comittetur et deputabitur ad omne majus et melius commodum dicti hospitalis et ejusdem utilitatem bona fide custodire et salvare easdemque res sub debito inventario recipere fructusque proventus reditus eorumdem bonorum in usum personnarum miserabilium fideliter dispensare et quod ex eisdem fructibus proventibus et redditibus supererit in augmentum consumationem dicti hospitalis et edificationem convertere et de administratis per eum ratione uno quoque anno in dicto festo beati Michaellis dictis dominis auditoribus compotorum pro ut supra reddere cum reliquorum prestatione et dicta omnia bona jura actiones et rationes et quicquid ex illis pervenerit ad ipsum procuratorem et thesaurarium post ejus cessum vel decessum ipsis dominis consulibus veteribus rectoribus restituere.

Item volo et ordino ego prenominatus Jacobus de Ruppe testator quod dicti procuratores et thesaurarii omnes qui pro tempore instituerentur et eligerentur teneantur et debeant dicta bona omnia mobilia et immobilia juraque actiones et rationes mei dicti testatoris recipere a manibus dictorum consulum veterum et rectorum qui tunc temporis erunt et sub debito inventario supra fiendo fructusque ipsorum bonorum in usum

d'en laisser l'administration au dit procureur trésorier pourvu ; j'entends que ce procureur trésorier élu promette, jure et s'oblige à la manière des débiteurs fiscaux, qu'il mette tous ses soins et son assiduité, s'il n'a pas des ressources convenables et légitimes, à faire des choses utiles pour ce même hôpital, qu'il le gouverne et le régisse ; il sera commis et délégué à tout ce qu'il y a de plus grand et de plus avantageux et de plus utile dans cet hôpital ; il gardera, conservera de bonne foi toutes ces choses sous la réserve d'inventaire ; il recevra les fruits, produits et revenus de ces mêmes biens et les emploiera fidèlement à l'usage des pauvres malheureux ; quant à ce qui restera des fruits, produits et revenus il le consacrera à l'augmentation, à l'accroissement et à la réparation du dit hôpital, et il rendra, comme il a été dit plus haut, compte de son administration avec le solde de l'excédant, tous les ans à la Saint-Michel, entre les mains des sieurs auditeurs à la cour des comptes ; enfin, il restituera tous ces biens, droits, actions, comptes, et tout ce qu'ils lui auront rapporté à lui procureur et trésorier, de suite après la cessation de ses fonctions ou sa sortie de charge aux sieurs anciens consuls recteurs.

Je veux et j'ordonne aussi moi susnommé Jacques de la Roque testateur que tous les dits procureurs et trésoriers et tous ceux qui seront institués et élus à l'avenir, soient tenus de recevoir tous mes biens meubles, immeubles, droits, actions et comptes à moi dit testateur des mains des anciens consuls et recteurs qui vivront à cette époque, d'après un inventaire qui sera dûment fait comme ci-dessus, d'administrer et

miserabilium personarum fideliter dispensare et administrare officii ratione uno quoque anno indicto festo beati Michaellis dictis dominis compotorum auditoribus reddere et reliqua prestare ita tamen quod ipsa reliquorum prestatio per eos debite conservetur et in reparatione dicti hospitalis convertatur et alias si quid supersit in emptionem prediorum et hoc ad utilitatem ipsius hospitalis et pauperum ejusdem.

Item volo et ordino ego prefatus Jacobus de Ruppe testator quod incontinenti post cessum vel decessum vel etiam post remotionem unius cujusque procuratorum et thesaurariorum electi seu instituti possint ipsi consules veteres rectores propria auctoritate bona res et jura et actiones ac etiam rationes ipsas dicti hospitalis ipsi procuratori et thesaurario tradita et expedita etiam quicquid ex eis ad eundem procuratorem et thesaurarium pervenerit aprehendere et recuperare cum tamen debito inventario et legitima descriptione per eos in presentia predescripto notarii premisse universitatis aquensis et trium testium fide dignorum etiam predicte civitatis aquensis et hoc non implorata vel non explorata judicis alicujus auctoritate ita tamen quod ex hoc nullathenus supercedeatur per prefatos dominos consules veteres rectores exactione ejus in quo dicti procuratores et thesaurarii cedentes decedentes vel remoti relicatores erunt et tam ab ipsis procuratoribus thesaurariis et negotiorum gestoribus quam ab eorum heredibus vel fidejussoribus quibuscumque.

Item quod ipse procurator et thesaurarius dicti hospitalis layci perpetuis temporibus singulis diebus sumptibus hereditatis mee celebrari facere teneatur unam

d'employer fidèlement les revenus de ces biens à l'usage des pauvres malheureux et de rendre avec le solde de l'excédant un compte de la charge, tous les ans à la Saint-Michel, aux sieurs auditeurs des Comptes, de telle manière que l'excédant soit fidèlement conservé par eux et affecté à la réparation du dit hôpital ; s'il en reste encore, à l'achat d'immeubles, et cela pour l'avantage de l'hôpital et de ses pauvres.

De plus, je veux et j'ordonne moi Jacques de la Roque testateur que de suite après la cessation des fonctions ou la sortie de charge ou la retraite de l'un quelconque des procureurs et trésoriers élu ou institué, les anciens consuls et recteurs puissent eux-mêmes de leur propre autorité percevoir et recouvrer les biens, choses, droits, actions et comptes du dit hôpital livrés au procureur et trésorier lui-même, ainsi que tout ce qui sera parvenu au même procureur et trésorier, avec un inventaire dûment fait, une exacte description de tout faite par eux en présence du susdit notaire de la dite communauté d'Aix et de trois témoins dignes de foi également de la ville d'Aix et cela sans avoir imploré ni recherché l'autorité d'aucun juge ; de telle sorte qu'il ne soit presque rien supercédé par les susdits anciens consuls et recteurs à l'exaction de celui envers qui les dits procureurs et trésoriers sortant de charge ou révoqués resteront débiteurs, ainsi qu'à ces mêmes procureurs, trésoriers et gérants des affaires et à leurs héritiers ou leurs fidéjusseurs, quels qu'ils soient.

En outre, je veux que ce même procureur et trésorier du susdit hôpital laïque soit tenu tous les jours et à perpétuité de faire célébrer aux frais de ma succession

missam infra capellam dicti hospitalis layci per pauperiorem et maxime pelegrinum sacerdotem si inveniri poterit pro consolatione pauperum qui erunt in dicto hospitali cuiquidem presbitero dari volo grossum unum et prandium incontinenti ipsa missa celebrata casu quo ipse presbiter sit pauper infirmus aut pellegrinus et si non sit pauper infirmus vel peregrinus unum grossum dumtaxat.

Item quod dictus procurator et thesaurarius dicti hospitalis omnes et quoscumque pelegrinos seu Romipetas in eadem civitate aquensi transeuntes hospitare teneatur in cameriis superioribus dicti hospitalis et eisdem providere una nocte duabus vel tribus de omnibus et quibuscumque eisdem necessariis nocte et in cubili etiam de lintuaminibus albis et nitidis et non ultra nec de aliis causis nisi aliqua infirmitate detinerentur prompter quam eorum perigrinationem continuare non possent quo casu volo quod talibus sic infirmis in dicto hospitali sumptibus hereditatis mee provideatur de omnibus et quibuscumque eisdem necessariis ad vitam et dormiendum et ad alia necessaria ratione dicte infirmitatis donec et quosque sanati fuerint ab eorum infirmitate vel mortui quo casu volo quod cadavera illorum sepeliantur infra cimeterium nostre domine de consolatione sumptibus hereditatis mee.

Item volo jubeo et ordino ego dictus Jacobus de Ruppe testator quod supradicti domini consules veteres rectores in quadam capsa per me jam constructa reponant omnes et quascumque scripturas dicti venerabilis hospitalis layci necnon omnes et quascumque oblationes

une messe dans l'oratoire du dit hôpital laïque par un prêtre pauvre et autant que possible par un pèlerin, si l'on peut en trouver, pour la consolation des pauvres qui seront dans le dit hôpital, auquel prêtre je veux qu'on donne incontinent après la célébration de la messe un *gros* et le dîner si ce prêtre est pauvre, infirme ou pèlerin ; mais s'il n'est ni pauvre ni infirme ni pèlerin on lui donnera un gros seulement.

Je veux encore que le dit procureur et trésorier du dit hôpital soit obligé de donner l'hospitalité à tous les pèlerins et à ceux qui se rendent à Rome, passant dans la ville d'Aix, de les loger dans les chambres supérieures du dit hôpital et de les pourvoir pendant une, deux ou trois nuits de tout ce qui leur sera nécessaire pour la nuit, de leur donner un lit avec des linceuls blancs et propres, mais pas au delà de trois nuits pour aucun motif, à moins qu'ils ne soient retenus par une maladie qui ne leur permette pas de continuer leur pèlerinage ; dans ce cas, je veux que ces sortes de malades soient pourvus dans le dit hôpital, aux frais de ma succession, de tout ce qui est indispensable à la vie, au sommeil et autres nécessités ayant trait à la dite maladie jusqu'à la complète guérison ou à la mort, auquel cas je veux que leurs cadavres soient ensevelis dans le cimetière de Notre-Dame de Consolation, aux frais de ma succession.

Je veux, je commande et j'ordonne aussi moi susdit Jacques de la Roque testateur que les susdits sieurs anciens consuls et recteurs déposent dans une certaine caisse par moi déjà construite toutes les écritures du dit vénérable hôpital laïque, ainsi que toutes

que devote offerentur a quibuscumque personis ad reparationem fabricam vel manutensionem dicti venerabilis hospitalis queqnidem capsa munita sit duabus sereis sive sarralhas et duabus clavibus diversis bonis et sufficientibus quarum una teneantur dicti domini rectores altera vero dictus thesaurarius seu procurator

Item volo jubeo et ordino ego prefatus Jacobus de Ruppe testator de certa mey scientia quod venerabile hospitale sancti spiritus premisse civitatis aquensis aut alia quevis hospitalia in ipsa civitate aquensi aut extra existentia et que de presenti sint aut in futurum fieri et construi possent nullo penitus modo participent aut aliud apponere possint et valeant de predictis bonis et hereditate meis relictis et relinquendis predicto hospitali layco sancti Jacobi et pauperibus infirmis et impotentibus imo quod predicta bona et hereditas mea fructusque usufructus proventus gausitas et emolumenta ejusdem sint et esse debeant ac pleno jure et integre ad dictum hospitale laycum sancti Jacobi et pauperes ejusdem infirmos et impotentes perpetuis temporibus pertineant et spectent quibuscumque contractibus transactionibus et aliis conventionibus factis et initis aut forte in futurum fiendis et iniendis inter dictam universitatem dicte civitatis aquensis dicta ve alia hospitalia non obstantibus quia sic fieri volo jubeo et ordino de certa mey scientia.

Item volo jubeo et ordino ego memoratus Jacobus de Ruppe testator de certa mey scientia quod si contigeret nunc vel in futurum dictos sanctissimum dominum

les offrandes qui pourront être pieusement offertes pai n'importe quelles personnes pour la réparation, la construction et le maintien du dit vénérable hôpital : cette caisse sera munie de deux serrures (ou *sarralhos)* et de deux clefs variées, bonnes et suffisantes, dont l'une sera gardée par les dits sieurs recteurs et l'autre par le dit trésorier ou procureur.

De plus je veux, je commande et j'ordonne moi Jacques de la Roque testateur de mon plein gré, que le vénérable hôpital du Saint Esprit de la dite ville d'Aix ou les autres hôpitaux situés dans la même ville ou en dehors qui y sont pour le présent ou qui pourront y être créés et construits dans l'avenir et que les autres qu'on pourrait ajouter ne puissent en aucune manière participer aux susdits biens laissés ou à laisser par ma succession au dit hôpital laïque de Saint-Jacques, aux pauvres malades et infirmes ; bien plus. je veux que les susdits biens, mon héritage, ses fruits, usufruits. revenus, usages et émoluments soient et appartiennent à perpétuité, de plein droit et intégralement au dit hôpital laïque de Saint Jacques, ou à ses pauvres malades et infirmes, quelques contrats, transactions et autres conventions que l'on ait faits ou conclus, ou que par hasard l'on pourra faire ou conclure nonobstant dans l'avenir entre la communauté de la dite ville d'Aix et les autres hôpitaux susdits, parce que je veux, je commande et j'ordonne de mon plein droit qu'il soit fait de cette manière.

Je veux, je commande et j'ordonne de même, moi prénommé Jacques de la Roque testateur de mon plein gré, que s'il arrivait dès maintenant ou à l'avenir que

nostrum papam reverendissimos ve in Christo patres et dominos dominum civitatis avignionensis a latere legatum ac aquensem archiepiscopum tam modernos quam futuros aut alias quasvis personas tam eclesiasticas quam seculares tam conjunctum quam divisum seu alterum ipsorum aufferre levare seu separare velle aliquid de bonis et hereditate meis predictis seu totam hereditatem meam predictam a dicto hospitali layco sancti Jacobi seu pauperibus ejusdem infirmis et impotentibus presentibus et futuris seu occasione nonnullorum verborum in dicto meo ultimo testamento scriptorum seu deffectu nonnullorum verborum deffectu consilii in dicto meo ultimo testamento appositorum aliove jure aut alia quacumque ratione titulo sive causa et de jure et justitia id fieri possent eorum auctoritate quo casu contingente dicta verba sic apposita et scripta de certa mey scientia nulla et invalida esse volo verba vero deffectu consilii non appositta pro descripta et expecificata in presenti meo ultimo testamento haberi volo et jubeo cum voluntas mea totalis sit quod dicta bona et hereditas mea sit pro succursu servitio substentatione et educatione dictorum pauperum infirmorum et impotentium dicti hospitalis presentium et futurorum et nichilominus casu adveniente premisso et non alias aliter nec alio modo de quo fui solemniter protestatus casu superius descripto si ex dicto hospitali fieret infirmariam pestiferatorum in protestatione prémissa totaliter excepto talem partem bonorum meorum per dictos sanctissimum dominum nostrum papam reverendissimos ve dominos dominum civitatis avignionensis a latere legatum ac aquensem archiepiscopum

notre très Saint Père le Pape, nos très révérends Pères en Jésus-Christ et seigneurs le légat *a latere* d'Avignon et l'archevêque d'Aix, tant modernes que futurs, ou que toutes autres personnes ecclésiastiques ou séculières, tant conjointement qu'isolément, ou tout autre d'entre eux voulussent enlever, ôter ou séparer quelque chose de mes biens et de mon héritage à l'hôpital laïque de Saint-Jacques, ou aux pauvres malades et infirmes présents ou futurs, soit à l'occasion de quelques paroles écrites dans mon dit dernier testament, soit par l'oubli de quelques paroles omises à défaut de conseil dans mon dit dernier testament, par n'importe quel droit, raison, titre, cause, de par le droit et la justice qu'ils pussent le faire de leur propre autorité, ce cas échéant, je veux que ces paroles ainsi apposées et écrites de mon plein gré soient annulées et invalidées; je veux et j'entends aussi que les paroles qui, par défaut de conseil, n'auront pas été inscrites et spécifiées dans ce présent et dernier testament, y soient insérées, car ma volonté entière est que les dits biens et mon héritage servent pour le secours, le service, l'alimentation, l'éducation des dits pauvres malades et infirmes du dit hôpital, présents ou à venir, et néanmoins, le cas susdit échéant et pas autrement ni d'aucune autre manière dont j'ai solennellement protesté dans le cas précédemment décrit, si dans le susdit hôpital on venait à faire une infirmerie de pestiférés en protestation du cas totalement excepté, et que les susdits notre très Saint Père le Pape, les très révérends vice-légat d'Avignon, et archevêque d'Aix, tant présents que futurs, ou toute autre personne ecclésiastique ou sécu-

tam modernos quam futuros aut alias quasvis personas tam eclesiasticas quam seculares tam conjunctum quam divisum levandam auferendam seu separandam a dicto hospitali layco sancti Jacobi seu pauperibus ejusdem lego seu dari et distribui volo pleno jure et sine detractione aliquali ego dictus Jacobus de Ruppe testator de certa mey scientia propinquiori sanguinis mei qui tunc temporis erit et suis heredibus et successoribus quibuscumque, in totam vero meam hereditatem predictam in qua hospitale laycum predictum sancti Jacobi et pauperes ejusdem superius heredem michi institui casu adveniente premisso et non alias aliter nec alio modo de quo fui solenniter protestatus facio instituo et ordino ego predictus Jacobus de Ruppe testator de certa mey scientia michi heredem seu heredem meum universalem et insolidum videlicet dictum propinquiorem sanguinis mei qui tunc erit et suos heredes et successores quoscumque.

Item volo jubeo et ordino ego affatus Jacobus de Ruppe testator quod supradicti domini rectores nec alii non audeant seu prosumant aliquas possessiones census et servitia dicte hereditatis mee insolidum vel in parte vendere permutare ad accapitum vel in emphiteosim perpetuam dare nec alias quovismodo alienare quacumque occasione ratione titulo sive causa.

Item volo jubeo et ordino ego jamdictus Jacobus de Ruppe testator quod omnia et quecumque vasa presentialiter existentia infra predictam magnam domum meam quam locari volo dictis Guilhermo Salvatoris et

lière, tant isolément que conjointement, voulussent ôter, enlever, séparer mes biens en tout ou en partie du susdit hôpital laïque de Saint Jacques ou de ses pauvres, je veux et j'ordonne moi Jacques de la Roque susdit testateur, que ces biens soient donnés et distribués de plein droit et sans distraction quelconque à mon plus proche parent qui vivra alors, à ses héritiers et successeurs quels qu'ils soient.

Ainsi, pour toute ma susdite succession, dont j'ai plus haut institué héritier le susdit hôpital laïque de Saint-Jacques et ses pauvres, le cas prévu arrivant et pas autrement, ni d'aucune autre manière dont j'ai solennellement protesté, je fais, j'institue et j'ordonne moi susdit Jacques de la Roque testateur de mon plein gré, pour mon héritier et légataire universel pour la totalité, mon plus proche parent issu de mon sang, qui sera alors en vie, et ses héritiers ou successeurs, quels qu'ils soient.

Je veux, je commande et j'ordonne aussi, moi Jacques de la Roque, testateur, que les susdits sieurs recteurs ou autres ne tentent ni n'essayent de vendre, en tout ou en partie, de permuter à titre féodal ou en emphytéose perpétuelle, ni de donner ou d'aliéner, de quelque manière que ce soit, quelques-uns des cens, possessions, servitudes de mon susdit héritage, pour quelle occasion, raison, titre ou cause que ce soit.

Je veux, je commande et j'ordonne encore, moi susdit Jacques de la Roque testateur, que tout le mobilier qui se trouve actuellement dans ma grande maison, que je veux louer au dit Guilhaume Salvator et à ses

filiis suis et in aliis locis incontinenti me humo tradicto portentur et redrecentur sumptibus hereditatis mee infra dictum hospitale laycum sancti Jacobi excepta parva tina bulhitoria in eadem domo presentialiter existens quequidem tina cum predicta domo locari volo

Item volo jubeo et ordino ego predescriptus Jacobus de Ruppe testator quod supradicti domini rectores nec alii non audeant seu prosumant aliquas vineas oliveyretas nec pratum hereditatis mee sitos in predicto territorio predicte civitatis aquensis arrendare alicui persone seu ad annuam pensionem dare quinimo illos cultivari facere per tempus et sazones debitas fructusque illorum recolligere et consumare ad utilitatem commodum servitium educationem et sustentationem dictorum pauperum infirmorum et impotentium dicti hospitalis sancti Jacobi.

Item quod tamdiu quamdiu probus vir Anthonius Chapelli modernus servitor et quistenus dicti hospitalis layci sancti Jacobi dicto hospitali servire et quistare voluerit ipsi domini rectores nec alii ipsum a dicto officio expellere non possint nisi ipse Anthonius Chapelli aliquid crimen comiserit sub salario et nomine salarii florenum viginti pro singulo anno scilicet anno quolibet in festo beati Michaellis necnon medietatem omnium et quorumcumque indumentorum omnium et quarumcumque personarum utriusque sezus in dicto hospitali moriendarum durante servitio dicti Anthonii in dicto hospitali fiendo hoc proviso quod supradictus Anthonius Chapelli proprio sumptu providere teneatur sibi de uno asino cum quo questam dicti hospitalis

enfants, et dans les autres lieux, soient portés et remis, incontinent après mon inhumation, aux frais de ma succession dans le dit hôpital laïque de Saint-Jacques, à l'exception d'une petite cave à bouillir les raisins qui se trouve actuellement dans la même maison et que je veux aussi louer avec la dite maison.

De même je veux, je commande et j'ordonne, moi précité Jacques de la Roque testateur, que les susdits sieurs recteurs ou autres ne tentent ni n'essayent d'arrenter à aucune personne ni de donner à rente annuelle les vignes, prés et olivettes de ma succession, situés dans le terroir de la ville d'Aix, qu'au contraire, ils les fassent cultiver dans les temps et saisons propices, et qu'ils en fassent ramasser les fruits pour les employer à l'usage, commodité, service, éducation, alimentation des dits pauvres malades et infirmes du susdit hôpital Saint-Jacques.

De même, tant que Antoine Chapelli, homme de bien, actuellement servant et quêteur du dit hôpital laïque de Saint-Jacques, voudra servir et quêter dans le dit hôpital, les mêmes sieurs recteurs ou autres ne pourront le révoquer de ses fonctions, à moins que ce même Antoine Chapelli ne commette quelque crime ; et pour son salaire et sous le nom de salaire il recevra tous les ans à la Saint-Michel vingt florins, ainsi que la moitié des habillements de toutes les personnes de l'un et de l'autre sexe qui mourront dans le dit hôpital durant le service du dit Antoine ; avec cette réserve que le susdit Antoine sera tenu de se pourvoir à ses propres frais d'un âne avec lequel il puisse faire la quête pour le dit hôpital, et il sera tenu, lui Antoine Cha-

facere possit et teneatur se ipsumque Anthonium Chapelli una cum suo predicto asino nutrire et gubernare teneatur sibique et dicto suo asino providere de omnibus eisdem necessariis propriis sumptibus et expensis prout presentialiter facit.

Item volo jubeo et ordino ego memoratus Jacobus de Ruppe testator quod dictus Gaufridus Salvatoris thesaurarius et procurator et sui in dicto officio successores facere et tenere teneantur unum librum in quo describere teneantur omnia et quecumque negotia ac compota redituum hereditatis mee per introitum et exitum cujuslibet anni et aliud pro reditus aliorum hospitalium dicte universitatis.

Item et veto deffendo et prohibeo ego prefatus Jacobus de Ruppe testator dictis dominis rectoribus et thesaurario ne unquam ullo loco vel tempore aliquid de bonis et hereditate meis predictis minusque de fructibus reditibus et emolumentis eorumdem spuriis quibuscumque utriusque sexus distribuere donare minusque illos nutrire et gubernare sumptibus hereditatis mee predicte.

Gadiatores et executores hujus mei ultimi testamenti nuncupativi seu voluntatis extreme ac dispositionis finalis facio constituo et ordino ego prenuncupatus Jacobus de Ruppe testator de certa mey scientia videlicet supra dictos dominos consules veteres rectores qui nunc sunt aut tempore mortis mee erunt absentes tanquam presentes et saniorem partem ipsorum insolidum ita quod occupantis condictio potior non existat sed quod unus ipsorum inceperit alter prosequi me-

pelli, de se nourrir et de s'entretenir lui et son âne et de se pourvoir pour lui et pour son âne de tout ce qui est nécessaire, à ses propos frais et dépens, comme il fait présentement.

Je veux, je commande et j'ordonne, moi Jacques de la Roque testateur, que le dit Gaufridi Salvator, trésorier et procureur, et ses successeurs dans la dite charge, soient obligés d'avoir et de tenir un livre dans lequel ils seront tenus d'inscrire tous les comptes et toutes les charges des revenus de ma succession au commencement et à la fin de chaque année, et un autre livre pour les revenus des autres hôpitaux de la dite communauté.

Je défends encore, j'empêche et j'interdis, moi Jacques de la Roque testateur, aux dits sieurs recteurs et trésorier de ne jamais, en aucun temps ou lieu, donner ou distribuer aux enfants naturels de l'un et de l'autre sexe, quelque chose de mes susdits biens et héritage, encore moins des fruits, revenus et émoluments d'iceux, et encore moins de les nourrir et alimenter aux frais de mon susdit héritage.

Moi Jacques de la Roque, testateur de mon plein gré, je fais, j'ordonne et j'institue pour gardiens et exécuteurs de ce et mien dernier testament nuncupatif, ou de ma volonté dernière et disposition finale, savoir : les susdits anciens consuls recteurs qui existent actuellement ou qui vivront à l'époque de ma mort, absents comme présents... ....
de telle manière que la condition de l'occupant ne soit pas meilleure, mais que si l'un d'eux a commencé,

diare valeat et finire ac ducere totaliter ad effectum quibus quidem dominis rectoribus do tribuo et concedo ego dictus Jacobus de Ruppe testator de certa mey scientia plenam et omnimodam potentiam ac speciale et generale mandatum premissa omnia et singula faciendi debite per compleri et demum generaliter omnia alia universa et singula dicendi faciendi et exequendi que quilibet veri et legitimi executores testamentarii facere tenentur et debent de loci consuetudine vel de jure.

Hoc autem est et esse volo ego memoratus Jacobus de Ruppe testator de certa mey scientia meum ultimum testamentum nuncupativum et meam ultimam voluntatem ac dispositionem finalem omnium bonorum et jurium ac rerum quarumcumque meorum et mearum quod et quam valere volo jure testamenti ultimi nuncupativi firmi et validi et voluntatis extreme ac dispositionis finalis et si non valeret jure testamenti ultimi nuncupativi volo saltem quod valeat jure codicilorum et donatione causa mortis vel vi epistolle ac cujuslibet alterius voluntatis extreme et eo jure quo mellius ac firmius valeret poterit et tenere.

Cassans irritans penitus et annullans ego affatus Jacobus de Ruppe testator de certa mei scientia per hoc meum ultimum testamentum nuncupativum et ejus virtute omnia alia testamenta codicilos donationes causa mortis et quascumque alias ultimas voluntates per me hinc retro facta factos et factas et ipsis omnibus resequatis et pariter annulatas istud valere volo et tenere ac habere de cetero perpetui roboris firmitatem.

l'autre aura le pouvoir de continuer, de finir et d'arriver au résultat Moi Jacques de la Roque, testateur de mon plein gré, je donne, j'attribue et je concède, en effet, aux dits sieurs recteurs, entier et plein pouvoir, mandat spécial et général de faire tout ce qui a été dit pour accomplir les choses dues, et enfin, d'une manière générale, de faire exécuter tous mes legs en général et en particulier : ces exécuteurs testamentaires honnêtes et légitimes seront tenus et devront faire cela suivant la coutume du droit et du pays.

Donc, moi Jacques de la Roque, testateur de mon plein gré, je veux que ceci soit mon dernier testament nuncupatif et ma dernière volonté et disposition finale de tous mes biens, droits et choses quels qu'ils soient ; qu'il ait force de dernier testament nuncupatif, durable et solide, de dernière volonté et disposition finale ; et s'il ne pouvait avoir force de dernier testament nuncupatif, je veux au moins qu'il soit valable par droit de codicile et de donation pour cause de mort ou par force de lettre et de toute autre dernière volonté et que par ce droit on ne puisse faire ni mieux ni plus solidement.

Cassant, annihilant et annulant complétement, moi Jacques de la Roque, testateur de mon plein gré, par ce dernier testament nuncupatif et par sa puissance tous les autres testaments, codiciles, donations pour cause de mort, ainsi que toutes les autres dernières volontés que j'ai pu faire dans les temps passés et annuler également après les avoir tous retranchés, je veux que celui-ci vaille, tienne et ait une solide et perpétuelle puissance.

Rogans insuper et requirens ego suprafatus Jacobus de Ruppe testator de certa mey scientia vos nobiles honorabiles et discretos viros infra scriptos a me notos et de me noticiam veram habentes ut de premissis omnibus et singulis supra per me dispositis et fieri ordinatis testes sitis et tanquam testes ad hec omnia propterea convocati dum locus et tempus affuerint feratis si libet testimonium veritatis teque nihilominus Johannem Borrilli notarium publicum infra scriptum rogo similiter et requiro ego prenuncupatus Jacobus de Ruppe testator de certa mei scientia ut heredi meo predicto et aliis quorum interest et circa predicta tanguntur dum requisitus fueris facere et extrahere deas (1) unum et plura publicum et publica instrumentum et instrumenta.

Actum aquis in aula domus habitationis honorabilis viri magistri Anthonii Borrilli dicte civitatis aquensis etiam publici notarii honorandi genitoris mey dicti et infra scripti notarii. Presentibus nobilibus honorabilibus et discretis viris Johanne Pugeti domino Castri de Tortorio foro juliensis diocesis Laurentio regis Michaelle de Plana Oliverio Guessi draperiis Bertrando de Trictis mercatore magistris Henrigono Gralhe ligni Fabro Bernardo Ferri curaterio et Amedeo de Podio cruvellerio tam civibus quam habitatoribus premisse civitatis aquensis ac etiam Stephano Marquesii civitati Massilie et Anthonio

(1) Probablement pour *debeas*.

Je vous prie et requiers enfin, moi Jacques de la Roque, testateur de mon plein gré, vous soussignés, hommes nobles, honorables et distingués, connus de moi et me connaissant parfaitement, d'être les témoins de toutes les dispositions générales ou particulières que j'ai prises et ordonnées ci-dessus, et si vous êtes appelés à témoigner en conséquence sur toutes ces dispositions, si le temps et le lieu sont favorables, d'apporter, si c'est possible, le témoignage de la vérité, et vous tout de même Jean Bo.rilli, notaire public soussigné, je vous prie et vous requiers aussi, moi susnommé Jacques de la Roque, testateur de mon plein gré, que vous fassiez délivrer, quand vous en serez requis, un et plusieurs actes publics à mon héritier susdit et aux autres intéressés qui sont légataires des biens susdits.

Fait à Aix, dans l'étude de la maison d'habitation de l'honorable maître Antoine Borrilli de cette ville d'Aix, notaire public aussi, père de mon honorable susdit notaire soussigné. Présents : nobles, honorables et distingués Jean Puget, seigneur Castri de Tourtour du diocèse de Fréjus, Laurent Regis, Michel La Plane, Olivier Guessi, marchands drapiers, Bertrand de Tretz, marchand, maître Henri Graille, Fabre charpentier, Bernard Ferri tanneur, et Amédée Du Puy cruvelier, tous habitants et citoyens de la ville d'Aix, ainsi que Etienne Marquesy de Marseille, et Antoine Olivandi de la ville royale de Pertuis, clercs

Olivandi predicte ville regie Pertusii clericis testibus ad premissa vocatis specialiter et rogatis et me Johanne Borrilly premisse civitatis aquensis notario.

Grossatum est instrumentum per me habuerunt duplum gentes regias vigore mandamenti grossatum est instrumentum.

Habuerunt duplum gentes regias vigore mandamenti.

témoins pour cela appelés et spécialement priés, et moi Jean Borilli, notaire de cette ville d'Aix.

Fait, enregistré par moi et expédié en double aux gens du roi, de par la loi.

Les gens du roi de par la loi en ont un double.

Aix, imp. Vve Remondet-Aubin, sur le cours, 53.

22

PUBLICATIONS DU MÊME AUTEUR

Notice sur l'Ophthalmoscope de Galezowski.

Diagnostic différentiel des maladies du tissu Irido-choroïdien.

Etude sur les causes et la nature de l'Héméralopie.

Prophylaxie de la petite Vérole à l'usage des gens du monde.

Nouvelle méthode de traitement de la Hernie étranglée.

La vie et les manuscrits du Dr Tournatoris (biographie provençale 2me édition).

La mort d'Hippocrate (légende inédite).

Deux Médecins et un Spagyrique à Aix, en l'an 1600.

www.ingramcontent.com/pod-product-compliance
Ingram Content Group UK Ltd.
Pitfield, Milton Keynes, MK11 3LW, UK
UKHW021011200726
13857UKWH00004B/1396

9 782013 027946